CHILDREN´S B

Volume 8

La Cenicienta

SPANISH READER FOR KIDS OF ALL AGES!

Intermediate Level

Selected and translated by:

Álvaro Parra Pinto

Edited by

Alejando Parra Pinto

EDICIONES DE LA PARRA

Caracas, Venezuela 2014

CHILDREN´S BOOKS IN EASY SPANISH

Volume 8

La Cenicienta

Intermediate Level

This volume was written in simple, easy Spanish for elementary-level students. Fun and easy to read, the text was edited and simplified to increase language comprehension and ease reading practice with simple wording, short sentences, and moderate, elementary-level vocabulary

ISBN-13: 978-1503001183
ISBN-10: 1503001180

Amazon Author page:
http://amazon.com/author/alvaroparrapinto

CONTENIDO

LA POBRE HUÉRFANITA

HABÍA UNA VEZ, HACE MUCHO, MUCHO TIEMPO, un pequeño y tranquilo reino medieval. Era un país próspero y de gente muy educada.

Allí, en una hermosa mansión, vivía un rico señor de la nobleza de ese país. Era un gran caballero, muy respetado en todo el reino. Él tenía una linda hija de unos diez años de edad.

El rico caballero, trataba a su hija con mucho cariño y los dos la pasaban muy bien juntos. Él complacía a su querida hija en todo lo que podía. Pero él no se sentía totalmente feliz porque no tenía una esposa y porque pensaba que a su hija, le hacía falta el amor de una madre.

Al poco tiempo, el gran señor se casó otra vez. Su segunda esposa fue una mujer también viuda. Ella era de muy buena familia y tenía dos hijas. Estas niñas tenían una edad parecida a la de la hija del caballero. Sus nombres eran Griselda y Anastasia.

Al principio todos vivieron tranquilos y felices en la casa señorial. Pero poco tiempo después, el bondadoso señor murió. Desde entonces todo cambió para su hija.

La madrastra de la pobre huérfana demostró ser una mujer de muy malos sentimientos. Ella dio curso libre a su endemoniado carácter. La hija del gran señor, era una niña muy bella y dulce. Mientras su padre vivía, la mala señora sentía celos hacia ella.

Ya libre de la influencia del noble señor y mostrando una cruel antipatía por su hija, se encargó de que la niña no recibiera nada de la fortuna de su padre.

Con una gran frialdad, la perversa señora maltrató y humilló a la verdadera heredera, obligándola a realizar las labores más detestables de la casa.

Así entonces, la pobre niña fue obligada a trabajar como sirvienta en su propia casa. Limpiaba los pisos, lavaba la ropa, fregaba los platos y hacía otros trabajos que de vivir su papá, le hubiera tocado sólo a la servidumbre y no a ella.

La pobre huérfana se la pasaba metida en la cocina, cocinando en el fogón de leña. Siempre estaba sucia con las cenizas del brasero. Por eso y para humillarla aún más, la apodaron como la "Cenicienta"

Mientras que la pobre Cenicienta era obligada a dormir pobremente en un cuartucho en le torre de la mansión, la madrastra malgastaba la fortuna del difunto señor. Griselda y Anastasia eran tratadas como unas princesas y recibían los mejores regalos.

Toda la gran fortuna que había dejado el padre de la Cenicienta, fue derrochada para complacer todos los caprichos de las hermanastras. Con el paso del tiempo, la bella casa señorial comenzó a quedarse en ruinas.

A pesar de todo el maltrato que le daban, la Cenicienta seguía siendo una joven dulce y sensible. Ella mantenía la esperanza de que algún día, todos sus deseos se cumplirían.

Todos los días, al amanecer, los pajaritos de la campiña cercana, acudían a la torre donde estaba la muchacha y con unos hermosos cantos, la despertaban.

La Cenicienta entonces empezaba el día, feliz y agradecida de despertarse con sus amiguitos. Ella también se ponía a cantar y todo era dicha y armonía en la habitación de la muchacha.

Hasta los ratones de la casa se sentían atraídos por el grato ambiente y salían de sus escondites para disfrutar de los melodiosos cantos de la Cenicienta.

Todas las mañanas, mientras la muchacha cantaba sus melodiosas canciones, los pajaritos y los ratones la ayudaban a arreglar su dormitorio. También le preparaban la ropa y le facilitaban todos los quehaceres que ella tenía que realizar.

La Cenicienta tenía un gran corazón, ayudaba a los animalitos amigos de ella, en todo lo que podía. En especial los ratones y los pajaritos eran objeto de su afecto.

Ella les tejía unas pequeñas ropitas y se las daba para que se vistieran. También hablaba con ellos. Había como un encanto especial que hacía que todos se comprendieran.

La madrastra de la Cenicienta tenía una mascota, era un gato feo y gordo y su nombre era Lucifer. Él era el consentido de la mala señora y dormía en su misma habitación, en una pequeña cama al lado de la de ella. Este animal, al igual que su dueña, tenía muy mal carácter y odiaba a los ratones.

La Cenicienta protegía a sus amiguitos los ratones, de los ataques de este infernal gato. Todo el tiempo ella estaba pendiente de que los animalitos no fueran a caer, en las garras del detestable felino.

-¡Lucifer es un gato muy malo! –decían los ratones.

También la Cenicienta ayudaba a los ratones a escapar de las trampas que la malvada señora de la casa instalaba por todos lados. La dulce muchacha los rescataba y los alimentaba. Los pequeños roedores le tenían mucho cariño a su buena amiga y la ayudaban en todo lo que podían.

En la casa también había un perro. Su nombre era Bruno y era un viejo sabueso que se la pasaba durmiendo en la cocina. Era de carácter muy amigable y quería mucho a la Cenicienta.

Bruno sentía una gran antipatía por el gato y siempre soñaba con el día, en que lograría darle caza.

A la Cenicienta no le gustaba que el perro aspirara a hacerle daño al gato y lo regañaba por eso.

-¡Pórtate bien, Bruno! –Le decía la muchacha con cariño-. ¡Si la señora se entera de que quieres agarrar al gato, es capaz de echarte a la calle!

El perro con mucha paciencia, aguantaba sus ganar de agarrar al gato. Pero el antipático felino hacía todo lo posible para provocar a Bruno y siempre lo conseguía. Con esto, el perro se ganaba un regaño. La dulce Cenicienta se veía en la obligación de castigar al pobre perro, sacándolo de la casa.

La buena Cenicienta no quería mucho a ese gato, pero tenía que protegerlo porque si no lo hacía, su madrastra la castigaría.

A los ratones no les gustaba tampoco la presencia del felino y a cada rato hacían lo posible por deshacerse de él.

CONDENADA AL TRABAJO

Todos los días, la pobre Cenicienta estaba obligada a realizar las innumerables tareas del hogar.

Luego de asearse y vestirse, despertaba al gato y le servía bastante alimento. Con eso hacía más difícil que al gato se le ocurriera cazar a los ratoncitos.

Después de darles la comida a los animales, la Cenicienta le tenía que llevar a sus camas, el desayuno a su madrastra y a sus hermanastras.

Ellas la trataban muy mal y no agradecían de ninguna manera, los grandes esfuerzos que hacía la muchacha.

-¡Ya era hora de que trajeras el desayuno! –decía Anastasia con antipatía.

-¡Por fin me trajiste la comida! –decía Griselda en un tono igual al de su hermana.

-¡Ahora lava y plancha la ropa y también, limpia las ventanas! –le ordenaba la cruel madrastra-. ¡Además; restriega las alfombras, barre el patio y bota la basura!

La pobre doncella sobrecargada de trabajo, tenía que pasar todo el día haciendo labores domésticas, con el propósito de que la madrastra y las hermanastras tuvieran una vida llena de comodidades.

Pero a pesar de la miserable vida que llevaba, la Cenicienta se mantenía de buen humor y con el tiempo se convirtió en una hermosa doncella. Su belleza superaba con creces a la de sus hermanastras.

UNA ESPOSA PARA EL PRÍNCIPE

Un día ocurrió algo, que cambiaría dramáticamente el destino de la bella Cenicienta.

Ese día, mientras la Cenicienta vivía una triste vida, dedicada totalmente a la servidumbre, en el palacio del rey había una gran actividad.

El rey estaba muy interesado en conseguir una esposa para su hijo el príncipe. Pero el príncipe no le hacía caso a su padre y su actitud despertaba la ira del monarca.

-¡Necesito que mi hijo siente cabeza de una vez por todas! –le gritó furioso el rey al gran duque, su primer ministro.

-Pero su majestad… -contestó el leal servidor del rey.

-¡No quiero ninguna excusa! –le interrumpió el rey ¡El príncipe tiene que conseguirse una esposa, lo antes posible!

-¡Por favor su majestad tenga más paciencia!

-¡Paciencia ya he tenido! ¡Yo quiero tener un nietecito y ver que mi hijo tenga una próspera descendencia!

-¡Sí su majestad!

-¡Cada vez me siento más viejo y antes del día de mi muerte, quisiera poder ver crecer a mis nietos!

-¡Yo lo entiendo, su majestad!

-¡No! ¡No me entiendes!

-¡Pero claro que sí su majestad! –el pobre primer ministro no sabía cómo calmar al rey.

-Yo me siento muy triste porque mi único hijo ya ha crecido y cada vez está más distanciado de mí. Yo deseo, con todo mi corazón, que otra vez hayan niños en este castillo y poder compartir con ellos, aquellos momentos que disfruté junto a mi hijo.

-Sí su majestad.

-Pero mi hijo hace caso omiso a sus obligaciones. A él no le interesan mis necesidades ni las del reino.

-¡No se desespere su majestad! Yo creo que lo mejor sería dejarlo tranquilo para ver a quien consigue.

-¡Dejarlo tranquilo! ¿Cómo se te ocurre semejante locura? ¡Con lo irresponsable que es, moriré triste y abandonado, sin conocer a ningunos de mis nietecitos!

-Pero su majestad…

-¡Ningún pero! ¡Tenemos que buscar la fórmula para que mi hijo se enamore de una buena muchacha!

-Pero si el príncipe se llega a dar cuenta, no se va a sentir muy contento.

-¡No! ¡Él no se va a dar cuenta de nada!

En ese momento el rey cambió de actitud. Él se sintió invadido de una gran alegría, porque se le había ocurrido una gran idea.

-¡Ah ya sé! El príncipe regresa hoy de su viaje por las provincias del sur ¿Verdad?

-Sí su majestad, regresa hoy.

-Entonces se me ocurre que podemos organizar un gran baile para celebrar su retorno.

-Podría ser su majestad.

-¡Claro que podría ser! Eso sería algo muy natural y él no sospecharía nada. Podemos invitar a todas las muchachas con edad para casarse, para que vengan al baile y allí, mi hijo podría escoger a la que más le guste, para casarse con ella.

-Tiene usted toda la razón su majestad.

-Estoy seguro de que el muchacho se fijará por lo menos en una de ellas.

El rey no se podía contener de la emoción, ante lo que se le estaba ocurriendo.

-Crearemos un ambiente de perfecto romance, para que la pareja se sienta atraída –dijo el rey, muy contento.

-Sí, su majestad.

-Le diremos a los músicos que toquen las más bellas canciones para que nazca el amor entre ellos.

-Como usted diga, su majestad.

-¡Con esta gran idea el éxito será seguro!

-¡Sí, su majestad! ¡Lo que usted diga!

Preparemos todo para que el baile se celebre esta misma noche.

-¿Esta noche? ¡Pero su majestad!

-¡Sin escusas! ¡Insisto en que sea hoy! –gritó el rey- ¡Y no quiero que falte una sola de las muchachas del reino!

-¡Está bien su majestad!

-¡Ya sabes, no puede faltar ni una sola doncella! –le advirtió el rey a su ministro, antes de retirarse del lugar.

LA INVITACIÓN REAL

Mientras Tanto, en la casa de la Cenicienta, Anastasia, Griselda y la madre de ellas, se regocijaban tocando el piano y cantando canciones populares.

Pero la voz de las hermanastras, lejos de ser un dulce melodía, era un feo chillido. Hasta el gato se resentía del estridente sonido que producían las dos.

La Cenicienta como siempre, estaba atareada realizando las labores del hogar. En ese momento fregaba el piso del salón de entrada a la mansión.

Ella también cantaba pero el sonido que producía era muy diferente al de sus hermanastras. Su voz era dulce y melodiosa.

En ese momento llamaron a la puerta.

-¿Quién podrá ser? –se preguntó la Cenicienta y abrió la puerta.

Afuera estaba un enviado del rey.

-¡Buenos días! –dijo el mensajero.

-¡Buenos días! ¿En qué lo puedo ayudar? –contestó la Cenicienta.

-Traigo una invitación de parte de su majestad el rey.

-¿Del rey?

-Sí, del rey. Y es muy importante que usted se la entregue a los dueños de la casa.

El mensajero le entregó la carta a la Cenicienta y se marchó.

-¡Ay! ¿Una carta del rey? ¿Qué podrá ser?

La Cenicienta entonces se fue al salón, donde las demás habitantes de la casa estaban reunidas.

Cuando la Cenicienta tocó la puerta del salón, las dos hermanas dejaron de cantar.

-¿Qué pasa? –gritó la madrastra, molesta por la interrupción.

La Cenicienta entró entonces al salón. En su mano tenía la carta.

-¡Cenicienta! –dijo la madrastra- ¿Cuántas veces te he dicho que no nos interrumpas cuando estamos practicando nuestra música?

-Disculpe señora pero tuve que interrumpir porque un mensajero me entregó esta carta del palacio real.

-¡Del palacio! –gritaron las dos hermanastras, sorprendidas por la noticia.

Entonces Anastasia y Griselda corrieron a donde estaba la Cenicienta para agarrar la correspondencia.

-¡Dámela! ¡Dámela! –dijo una de las hermanas.

-¡Yo la abro! –dijo la otra.

Pero la madrastra se adelantó a sus dos hijas y tomó la carta.

-Yo la leeré –dijo abriendo el sobre.

-¡Ajá! ¡A ver! –dijo la señora leyendo la carta-. ¡Va a haber una fiesta en el palacio real!

-¡Una fiesta! –dijeron las dos hermanas, sorprendidas.

-Sí, es un baile para celebrar la llegada de su alteza, el príncipe.

-¡Ay qué emoción! –gritó Anastasia.

-Sí –continuó la madrastra-. Y aquí dice que todas las doncellas del reino están invitadas.

-¡Ay qué maravilla! –gritó Griselda.

-¿Eso quiere decir que yo también puedo ir? –preguntó tímidamente la Cenicienta.

Las dos hermanastras se pusieron a reír con la pregunta de la Cenicienta. Se burlaron de ella hasta la saciedad.

-¿Cómo es posible, que la Cenicienta pretenda ir al palacio y presentarse ante alguien tan distinguido como el príncipe? –dijo Griselda riéndose.

-Será para que la boten del palacio y nos regañen a nosotras por tal atrevimiento –opinó Anastasia.

-Pero la invitación dice que el rey ordena que todas las doncellas vayan al palacio –insistió la Cenicienta-. Además yo también pertenezco a esta familia y tengo todo el derecho de ir.

-Sí, eso dice la carta –dijo la señora-. Está bien, podrás ir pero solamente si acabas con tus quehaceres domésticos.

Anastasia y Griselda se miraron las caras, muy impresionadas ante las palabras de la madrastra.

-¿Sí? ¡Gracias señora! –dijo la Cenicienta muy emocionada ¡Terminaré de cumplir con mis obligaciones!

-Bueno, además vas a tener que conseguir un vestido adecuado para la ocasión.

-Muchas gracias y no se preocupe, conseguiré un bonito vestido –dijo la Cenicienta antes de abandonar el salón.

Cuando Griselda y Anastasia se quedaron a solas con su madre le preguntaron asombradas; cómo era eso de que la Cenicienta podía ir a la celebración.

-¡Mamá! –dijo Griselda-. ¿Cómo es eso de que la Cenicienta sí va a poder ir a la fiesta?

-No se preocupen hijas mías –respondió la malvada señora-. Yo le dije a la boba de la Cenicienta, que si terminaba con sus quehaceres y que si además conseguía un vestido adecuado podría ir a la fiesta.

-Ah, ya entiendo –dijo Griselda.

-Sí, con esas condiciones, la pobre Cenicienta no va a poder lograr estar lista, para ir a la fiesta –añadió la madrastra-. Creo que la pobre tonta no va a poder ir a ningún lado.

Así la siniestra señora y sus antipáticas hijas, se echaron a reír.

LOS PREPARATIVOS DEL BAILE

La Cenicienta corrió a su habitación y buscó un cofre que tenía allí. Dentro de este, ella tenía un viejo vestido que había sido de su madre.

-¡Miren este vestido! ¿No le parece lindo? –le preguntó Cenicienta a los ratoncitos que la acompañaban.

-Pero está muy viejo –le contestó una ratoncita.

-Tal vez sí esté un poco viejo, pero con unos retoques quedará como nuevo.

-¿Pero cómo vas a hacer? –le preguntó Gus, un alegre ratoncito gordo que siempre estaba pendiente de ella.

-Ya ustedes van a ver.

Entonces cenicienta agarró un viejo libro que también había pertenecido a su madre. En sus páginas aparecían varios modelos de hermosos vestidos. Ella los vio y escogió uno en especial.

-Este me parece que es bastante bonito –dijo la muchacha-. Me voy a fijar en este para transformar el viejo vestido de mi madre, en algo realmente encantador.

-¡Ay qué bello dijo una pajarita!

-Bueno, pero para arreglar este vestido, voy a necesitar tijeras, hilos, agujas y cintas.

Pero, cuando la Cenicienta ya estaba dispuesta a empezar a arreglar su vestido, oyó la desagradable voz de una de sus hermanastras.

-¡Cenicienta, ven aquí!

Era Griselda que la estaba llamando.

-¡Ay! Voy a ver qué pasa. Después trabajaré en el vestido.

-¡Cenicienta! –ahora era Anastasia que también la estaba llamando.

-¡Ya voy! –contestó la muchacha, antes de bajar a ver qué pasaba con las desagradables hermanastras.

-¡Ay! ¡Pobre Cenicienta! –dijo el ratoncito Gus-. ¡Todo el tiempo esas brujas la están molestando!

-¡Ay qué lástima! –dijo otro de los ratones-. ¡Seguro la pobre Cenicienta no va a poder ir al baile!

-¿Y por qué dices eso? –preguntó la pajarita.

-Porque esas malas hermanas no la van a dejar hacer su vestido. –respondió Gus.

-¡Qué malas son esas mujeres! –opinó la pajarita.

-¡Sí! ¡Y la pobre Cenicienta ocupada con tanto trabajo! –opinó una pequeña ratona.

Entonces, la ratoncita miró durante un rato el libro de vestidos y se le ocurrió una brillante idea.

-¡Creo que la podemos ayudar! –dijo

-¿Y cómo? –preguntó Gus.

-Entre todos podemos transformar este vestido en algo precioso.

-¡Podemos hacerlo! –dijeron los demás, muy contentos con la idea.

Entonces todos los amiguitos de la Cenicienta, empezaron a trabajar en la confección del vestido. Los pajaritos también unieron esfuerzos, para realizar la labor.

Durante un buen rato, todos los animalitos estuvieron trabajando en el vestido de su amiga.

La Cenicienta, mientras tanto, ayudaba a sus hermanastras a vestirse y a arreglarse para el baile. Como siempre, ellas la trataban muy mal y la mandaban a hacer un sinnúmero de labores. El propósito era impedir que la pobre muchacha pudiera estar lista y presentable, para ir a la celebración.

Pero durante toda la tarde, los alegres amiguitos de Cenicienta trabajaron en el mejoramiento del vestido. Todos colaboraban en la labor con mucho entusiasmo.

Gus y otro de los ratoncitos, fueron al cuarto de una de las hermanastras y consiguieron una cinta y un collar. Con eso querían embellecer aún más el aspecto de la doncella.

Los dos ratones tuvieron que eludir al malvado Lucifer, pero con una gran agilidad y después de una gran persecución, consiguieron su objetivo.

Con esto y con todo lo que hicieron los demás animalitos, al final de la tarde el vestido quedó terminado.

UNA GRATA SORPRESA

Cuando ya eran la siete de la noche, en el palacio real estaba comenzando a llegar los invitados. El rey había mandado a buscar a todas las doncellas, que no tenían un vehículo propio, para que llegaran al lugar de la celebración.

Tal era el caso de la familia de la Cenicienta. En esa casa no había un carruaje apropiado para la ocasión. Entonces, al anochecer, llegó uno para trasladar a las mujeres de allí.

Un elegante cochero se bajó del carruaje y tocó la puerta de la casa de la Cenicienta. Sin saber lo que había pasado con su vestido, la pobre muchacha avisó a su madrastra y a sus hermanastras de la llegada del transporte.

-Señora ya llegó el carruaje –dijo.

-Cenicienta pero me extraña que no estés lista para ir a la fiesta –dijo la mala señora. Sus hijas detrás de ella se reían con maldad.

-Es que no podré ir.

-¿Y por qué no vas a ir?

-Es que con tanto trabajo no pude arreglar ningún vestido.

-¡Ay! ¡Pobre niña! –dijo la madrastra con sarcasmo-. Seguro que la próxima vez sí podrás ir.

-Sí claro. –dijo la Cenicienta-. Que la pasen bien en el baile.

Con mucha tristeza, la pobre muchacha subió a su habitación. Pero cuando llego, vio con asombro el vestido arreglado

-¡Sorpresa! ¡Sorpresa! –le dijeron los animalitos.

La Cenicienta quedó admirada con la forma tan bonita en cómo había quedado el vestido. ¡Qué feliz se sentía!

-¡Ay! ¡qué bello quedó el vestido! Dijo la Cenicienta muy alegre-. ¡Muchísimas gracias por lo que hicieron por mí!

UNA MALA JUGADA

Ya Anastasia y Griselda, acompañadas de su madre, estaban saliendo de su casa cuando apareció la Cenicienta.

-¡Espérenme! –dijo-. ¡Sí voy a poder ir al baile!

La bella muchacha estaba hermosamente vestida y al lado de sus hermanastras parecía una princesa.

-¡Ella no puede ir! –dijo Anastasia, que al ver el maravilloso aspecto de Cenicienta sintió mucha envidia.

-¡Sí mamá! ¡Por favor! ¡Yo no quiero que vaya! –dijo Griselda, más acomplejada que nunca.

La madrastra se quedó pensando un rato y decidió complacer a sus hijas.

-¡Niñas cálmense! –dijo la mala señora-. Acuérdense que yo hice un trato con Cenicienta.

El par de hermanastras se quedaron mirando.

La perversa madrastra se acercó a la Cenicienta y agarró el collar que tenía puesto la muchacha.

-¡Pero qué bonito collar! –dijo la señora y luego dirigiéndose a Anastasia preguntó:

-¿No te parece, hija mía?

Anastasia, al ver el collar, se puso furiosa.

-¡Ay! ¡Pero si ese collar es mío! –gritó.

-¡Y esa cinta es mía! –gritó la otra hermana, furiosa también.

Así las dos hermanastras, le arrancaron a la Cenicienta las prendas que consideraban suyas y al hacerlo, le echaron a perder el bonito vestido.

-¡Mis niñas! –Interrumpió la madrastra-, ¡no pierdan la compostura! ¡Ya dejen tranquila a Cenicienta y vámonos para la fiesta!

Después de humillar a la Cenicienta, las dos repugnantes hermanastras se fueron con su madre al baile y dejaron allí sola, a la pobre muchacha. Ella se quedó llorando, muy dolida por no haber podido ir a la celebración.

La decepción de la pobre Cenicienta fue tan fuerte que salió corriendo hacia fuera de la casa. Corrió llorando sin saber a dónde ir y se internó en un jardín cercano a su casa. Allí se echó en la grama a llorar.

-¿Por qué Dios mío? ¿Por qué son tan malas? –decía llorando, refiriéndose a las crueles personas con quien ella compartía su vida.

Los amiguitos de la pobre muchacha la siguieron y compartieron con ella su tristeza.

-¡Yo no me merezco esto!

UN MÁGICO REGALO

De pronto, cuando la Cenicienta sentía que la tristeza en su corazón ya no podía ser mayor, empezó a aparecer en el jardín, un bello resplandor.

En pocos momentos el brillo se hizo más fuerte y apareció un ser luminoso con forma de una bondadosa mujer.

La Cenicienta no se dio cuenta de eso, porque tenía los ojos bañados en lágrimas.

-Nadie me quiere –decía llorando.

-¿Cómo dices eso? –dijo la mágica señora -¡No tienes razón para decir eso!

Entonces fue que Cenicienta se dio cuenta, de la presencia de la extraña mujer.

-¡Ah! –dijo la Cenicienta sorprendida.

-Mira fíjate, si nadie te quisiera yo no estaría contigo –dijo la señora.

La Cenicienta seguía mirando a la señora, sin pronunciar palabra alguna.

-¡Anda! ¡Conténtate! Con esa cara no vas a poder ir al baile.

-¡Al baile! ¿Cómo que al baile? –dijo Cenicienta, extrañada-. ¿Acaso usted cree que con estas ropas yo pueda ir al baile?

-No te preocupes –dijo la señora-, con un poco de magia, todo estará solucionado.

-¿Magia? –preguntó la Cenicienta, incrédula.

-¡Sí! ¡Claro que sí! ¡Ya verás!

-¡Ay! ¿Entonces tú debes ser mi hada madrina?

-¡Claro que sí! ¡Yo soy! –dijo la señora y en el acto, hizo aparecer de la nada una pequeña vara.

Todos se quedaron asombrados ante tal aparición.

-¡Y ahora, a decir mis palabras mágicas!

Entonces el hada madrina apuntó con su varita mágica, a una calabaza que estaba en el jardín y esta, rápidamente, se convirtió en una muy elegante carroza.

-¡Ay! ¡Qué carroza más bella! –dijo la Cenicienta.

-Especialmente para ti. –dijo el hada.

-Y ahora necesito unos ratones para que jalen la carrosa.

-¿Unos ratones?

-Sí, ya verás.

Entonces el hada madrina apuntó con su vara mágica a los ratoncitos que acompañaban a la Cenicienta y pronunció sus palabras mágicas. Los pequeños roedores se transformaron en unos elegantes caballos.

Luego la bondadosa hada, utilizó su magia para convertir al viejo caballo de la mansión en un elegante cochero y al perro Bruno, lo convirtió en un refinado lacayo.

-Ah bueno, ya es hora de que te vayas a la fiesta

-¿Pero no cree usted que falta algo? –preguntó la Cenicienta.

-No, ¿qué será?

-Pues creo que la ropa que cargo, no es la apropiada para ir al baile.

-¡Ay! ¡Verdad! ¡No me había dado cuenta! ¡Te haré el mejor vestido que puedas imaginar!

Entonces el hada pronunció sus palabras mágicas y a Cenicienta le apareció un hermosísimo vestido.

-¡Ay miren esto! ¡Qué belleza de vestido! ¡No lo puedo creer! –dijo muy alegre la Cenicienta. Y luego, mirándose los pies exclamó-. ¡Y miren, tengo unas zapatillas de cristal!

Todos los presentes, se sentían muy contentos por lo que estaba pasando.

-¡Ay! ¡Gracias señora! ¡Qué buena ha sido usted conmigo! ¡Esto es como un maravilloso sueño!

-Pero sólo hay una condición en este sueño.

-¿Y cuál es? –preguntó la muchacha.

-La condición es que vas a tener que abandonar el palacio, para regresar a tu casa, antes de la media noche.

-¿Sí? ¿Y por qué?

-Porque cuando el reloj de las doce campanadas, la calabaza y lo demás, incluso tu vestido, van a volver a ser como eran antes.

-Bueno, pero de todos modos, estoy feliz por esta oportunidad de ser feliz, aunque sea por poco tiempo.

-Bueno, ahora vete para el baile, antes de que se te haga tarde. Disfrútalo mucho.

Cenicienta, feliz con lo que le estaba pasando, salió corriendo y se montó en el carruaje. Inmediatamente después salió rumbo al palacio real.

EL TOQUE DEL AMOR

En ese momento, estaba empezando la gran fiesta. Refinadas doncellas de todo el reino y de más allá, estaban siendo presentadas al heredero al trono.

Pero el príncipe no ponía mucha atención a las distinguidas invitadas. El rey que miraba a lo lejos desde un balcón, se sentía molesto ante la indiferencia de su hijo.

-¿Qué le pasa a ese muchacho –le decía a su primer ministro –tiene que haber una muchacha que por lo menos le llame un poco la atención?

-Yo se lo traté de decir. Pero usted insistió en esto –le contestó el primer ministro.

Cuando llegaron las feas Anastasia y Griselda a la presencia del príncipe, él mostró aún más su desdén. En ese momento el rey ya sentía que la celebración era una gran pérdida de tiempo.

Pero cuando llegó Cenicienta, todo cambió. La apatía del príncipe se convirtió en el mayor interés. Rápidamente él se acercó a la bella doncella y la saludó con la mayor de las cortesías. Fue amor a primera vista, lo que sintió el heredero real.

El rey se quedó fascinado con la situación y ordenó a los músicos a que tocaran una romántica melodía. Con el sonido de la música, el príncipe y la Cenicienta se pusieron a bailar.

-¿Quién será esa? –preguntó Griselda. Ella no reconocía a su hermanastra, pues la Cenicienta estaba tan bella que nadie la hubiera podido reconocer.

-¡Yo no sé! –respondió Anastasia.

-Al príncipe perece atraerle mucho esa muchacha. –opinó Griselda.

-A mí me parece alguien a quien conozco –dijo la madrastra.

Pero las tres estaban mirando la escena desde cierta distancia. Por eso no se dieron cuenta de que era Cenicienta la que bailaba.

Entonces los dos enamorados estuvieron bailando durante un buen rato. Cada vez uno se sentía más atraído por el otro. Tan hechizados se sentían por su mutua presencia que ni siquiera hablaron. Tan solo se limitaron a bailar. Luego se sentaron al borde de un lago y se dispusieron a darse un beso.

LAS DOCE CAMPANADAS

Pero de repente, se oyó una campanada ¡Ya eran las doce de la noche! ¡Cenicienta tenía que regresar a su casa!

-¡Ay! ¡Me tengo que ir! –dijo la muchacha.

-Pero, ¿por qué?

-Porque ya son las doce de la noche.

-¿Y eso que importa? Es temprano todavía –dijo el príncipe, agarrando a Cenicienta por un brazo.

-Déjame ir, por favor.

-Pero, ¿por qué te tienes que ir? –insistió el príncipe.

-Porque todavía no he visto al príncipe –dijo la Cenicienta como excusa para liberarse del joven, sin saber que con quien ella estaba hablando, era precisamente el príncipe.

-¿Pero de qué hablas?

-¡Sí el príncipe! ¡Su alteza me espera!

-Pero si yo soy…

En ese momento, la Cenicienta logró liberarse del príncipe y salió corriendo, sin escuchar la realidad sobre la verdadera identidad de su enamorado.

-¡Espera! ¡Por favor! –gritó el príncipe.

Pero la Cenicienta ya corría hacia la salida del palacio. El príncipe corrió tras ella pero no la pudo alcanzar.

-¡Por lo menos dime tu nombre! –gritó el príncipe mientras ella se alejaba de él.

Pero la Cenicienta se movía velozmente y ya estaba bajando las escaleras, que conducían hacia el exterior del palacio.

Pero en su huida, cuando iba bajando por las escaleras, la Cenicienta dejó caer una de sus zapatillas de cristal. Como ya estaba por sonar la última campanada, la muchacha no se detuvo a recoger el calzado sino que siguió corriendo lo más rápido que podía.

El primer ministro, que había visto todo lo que estaba ocurriendo, se detuvo a recoger la zapatilla.

-Señorita se le ha caído la zapatilla –gritó.

Pero la Cenicienta no se detuvo y velozmente, se montó en su carruaje. El transporte salió lo más rápido posible y se perdió en la distancia.

El príncipe y el primer ministro ordenaron a los guardias reales seguir al carruaje de la cenicienta. Un grupo de ellos salió en veloz persecución pero en eso, sonó la última campanada y la carroza y todo lo demás volvió a tener su aspecto normal ¡El hechizo de la buena hada se había roto!

Los guardias pasaron al lado de la Cenicienta, sin apenas fijarse en ella. Ellos perseguían a una elegante carroza y no a una muchacha con aspecto de pordiosera.

La Cenicienta entonces, se quedó a solas con sus compañeros en el camino que conducía a su casa.

-¡Hay amigos, que pena con ustedes! –dijo la muchacha-. Espero que me sepan disculpar, pero estaba tan distraída con un hermoso caballero, que no pude ni recordar ni siquiera qué hora era.

En ese momento la Cenicienta bajó la vista y se miró los pies. Entonces se llevó una gran sorpresa. ¡La zapatilla de cristal que le quedaba, no había recuperado su forma original!

La Cenicienta entonces, tomó la zapatilla y se la guardó para llevársela a su casa.

LA ZAPATILLA MISTERIOSA

Al día siguiente en el castillo, el rey se despertó preguntando qué había pasado la noche anterior.

-Por fin, cuéntame ¿Cómo le terminó de ir a mi hijo anoche?

-Yo-yo…-respondió el primer ministro, sin saber cómo decirle al rey lo que había pasado, con la desaparición de la misteriosa doncella que había cautivado al príncipe.

-Dime, dime ¿Quién es ella? ¿Cuál es su nombre? –insistió el rey.

-Ah es que…

-¿Es que qué? –ya el rey notaba algo raro.

-Es que no sabemos.

-¿No saben? ¿Cómo que no saben? -preguntó el rey ya molesto.

-¡Sí! ¡No sabemos! -Dijo el primer ministro-. Ella se marchó sin decir nada.

-¿Cómo que no dijo nada? –dijo el rey furioso.

-Sí, a las doce en punto echó a correr y ni el príncipe ni yo, logramos darle alcance.

-¿Cómo es eso? ¡Eres un traidor!

-¡Pero su majestad!

-¡Seguro te pusiste de acuerdo con mi hijo, para que él haga lo que le dé la gana! –Gritó el rey tratando de agarrar por el cuello a su primer ministro.

-¡No su majestad! ¡Se lo juro que no es así! –dijo el primer ministro, tratando de esquivar al rey.

-¡Claro que sí, es así!

El rey perseguía a su asistente, pero este no se dejaba atrapar.

-¡No! ¡Yo traté de detenerla!

-¡Mentira! ¡Eres un farsante!

-Mire, fíjese, ella cuando se iba dejó caer esta zapatilla. –dijo el primer ministro, mostrando al rey la zapatilla que Cenicienta había dejado caer.

-¿Qué?

-Sí esta zapatilla, el príncipe quedó muy enamorado de esa doncella.

-¿Sí?

-¡Sí y ha jurado casarse con la muchacha a quien le sirva esta zapatilla!

-¿Ah sí?

-¡Sí!

Entonces el rey cambió completamente de humor.

-¡Ah qué maravilla! ¡Entonces sí se quiere cazar!

-Sí pero no sabe con quién solo que es la dueña de esta zapatilla.

-¡A sé lo que tenemos que hacer! ¡Tenemos que probar esta zapatilla entre todas las mujeres del reino y a quien le calce, será la esposa de mi hijo!

-¡Pero su majestad! ¡Debe haber muchas mujeres a quien le calce la zapatilla!

-¡No me importa! –dijo el rey-. El príncipe se casará con la mujer, a quien le calce la zapatilla. Él mismo lo dijo.

-Pero…

-¡Sin peros! Vas a ir por todo el reino y le vas a probar la zapatilla a todas las doncellas. Vamos a ver a quien le queda.

-Sí, su majestad.

Al día siguiente aparecieron unos carteles en todos los rincones del reino. Esos carteles decían que un representante del rey iba a ir a visitar a todas las doncellas del reino, para probarles unas zapatillas y que a quien le calzara, iba a poder casarse con el príncipe.

Al entrarse de la noticia, la madrastra de Cenicienta la llamó con urgencia.

-Cenicienta ¿Dónde están mis hijas?

-Me parece que están durmiendo todavía.

-¡Vamos! ¿Qué haces allí? ¡Sube el desayuno!

Desesperada, la madrastra fue a despertar a sus hijas.

-¡Griselda! ¡Anastasia! ¡Despiértense, no podernos perder tiempo!

-¿Tiempo para qué? –preguntó Anastasia, sin saber lo que estaba pasando.

Me enteré de la gran noticia que está circulando por todo el reino.

-¿Qué noticia es esa? -preguntó Griselda.

-La noticia es que el primer ministro está buscando como un loco, a la doncella que anoche estaba con el príncipe y que perdió la zapatilla al huir.

-¿Si, mamá? -preguntó Griselda.

Sí y el anda de casa en casa, probando esa zapatilla a todas las doncellas del reino y a quién le sirva, será merecedora del privilegio de casarse con el príncipe.

-¡Ay mamá, qué emoción! –dijo Anastasia.

-Y en cualquier momento –continuó la mala señora-, tocarán a nuestra puerta para que ustedes se prueben la zapatilla.

En ese momento la cenicienta estaba llegando. Traía el desayuno y sin querer, oyó toda la conversación. Ella se quedó sorprendida pues ¡Ella era la dueña de la zapatilla!

-Dicen que el príncipe se quedó completamente enamorado de ella –continuó la señora.

La Cenicienta se quedó tan sorprendida que dejó caer al suelo, la bandeja con los desayunos.

-¡Torpe! ¿Qué has hecho? –le gritó furiosa la madrastra.

A la Cenicienta no le quedó otra que ponerse a recoger lo que había dejado caer, pero aprovechó la ocasión, para poner atención en lo que decía su madrastra.

-Sí –continuó la mala señora-. Arréglense bien porque en cualquier momento van a tocar a nuestra puerta. Y si a alguna de ustedes le calza la zapatilla, podrá tener derecho a casarse con el príncipe.

Al oír esto, las hermanastras de la Cenicienta se volvieron como locas.

-¡Lávame! ¡Plánchame! –le ordenaba una a la Cenicienta.

-¡Arréglame! ¡Péiname! –gritaba la otra, corriendo por toda la habitación.

La Cenicienta, al oír lo que oyó, se quedó parada allí pensando y soñando en el príncipe. No se daba cuenta de lo que decían sus hermanastras.

-¿Qué haces allí parada? –dijo Anastasia

-¡Sí, despierta! –dijo la otra.

La madrastra de la Cenicienta notó el extraño comportamiento de la muchacha. Allí fue cuando se dio cuenta de que la desconocida doncella que había cautivado al príncipe, era nada más y nada menos que la Cenicienta.

Pero la malvada señora no dijo nada. Esperó a que la Cenicienta subiera a su habitación y sin decir una palabra, la siguió. Cuando la muchacha estaba mirándose en el espejo, feliz por lo que acababa de descubrir, la malvada señora llegó a su puerta y se la cerró con llave.

¡La pobre Cenicienta se quedó encerrada en su dormitorio! ¡Ella no iba a poder probarse la zapatilla!

LA TALLA PERFECTA

Pocas horas pasaron y el primer ministro llegó a la casa de la Cenicienta.

Anastasia y Griselda lo vieron llegar y se emocionaron de tal manera, que parecían locas. No sabían que hacer y corrían por toda la sala.

Mientras tanto la pobre Cenicienta, estaba llorando en su habitación

-¿Cómo puede hacerme esto? –decía.

Con cada minuto que pasaba las dos hermanastras mostraban más su enorme nerviosismo.

-¡Cálmense! ¡Cálmense! -les dijo su madre.

Los ratoncitos amigos de la Cenicienta, que estaban allí y habían visto todo lo que había sucedido, se propusieron ayudar a su bella amiga.

En ese momento tocaron a la puerta. Era el lacayo del gran duque quien llamaba.

-Buenas tardes. Aquí, ante ustedes, el primer ministro.

El gran señor entró a la casa y el lacayo le entregó una carta para que él la leyera.

El gran duque tomo la carta y dijo.

Por orden del rey, a todas las doncellas del reino le será probada esta zapatilla y quien tenga el pie de un tamaño adecuado para esta zapatilla, gozará del privilegio de casarse, con su alteza el príncipe.

En ese momento las fas hermanastras comenzaron a gritar;

-¡Esa zapatilla es mía! –decía una.

-¡No, es mía! –decía la otra.

La madre de ellas las mandaba a calmar.

La malvada madrastra de la Cenicienta dejó por descuido la llave de la habitación de la muchacha, en una mesa de la sala. Aprovechando que la ambiciosa señora estaba concentrada en lo que pasaba con sus hijas, los ratoncitos agarraron la llave y se la llevaron a su amiga.

Llegó el momento en que las hermanastras se probaran la zapatilla.

-Probemos entonces la zapatilla en las dos doncellas de la casa- dijo el colaborador del rey.

La primera en hacerlo fue Griselda. Por supuesto, su pie era tan grande que apenas le cabían unos dedos.

-¡Ay es que debe ser que se me hinchó el pie de tanto bailar con el príncipe! –dijo la fea muchacha-. Pero yo me debo probar bien esta zapatilla.

Entonces Griselda trató de empujarse el pie dentro del calzado con toda su fuerza, pero no pudo lograr nada.

Mientras tanto, los ratoncitos corrían hacia la habitación de la Cenicienta con la llave pero esta era pesada para ellos y eso dificultaba el camino.

Cuando Anastasia se probó el calzado el resultado fue peor aún. Nada de su pie cabía en el calzado.

-¡Ay es que la zapatilla se debe haber encogido! -dijo.

El gran duque se quedó mirando la escena y dijo:

-Por lo que veo, aquí no vive la doncella a quien está buscando su alteza el príncipe.

Las dos feas hermanastras de la Cenicienta se pusieron de muy mal humor por las palabras del primer ministro. La madre de ellas las tuvo que calmar y disculparse con el enviado del rey.

-Supongo que ustedes son las únicas doncellas que viven aquí. –dijo el gran duque.

-Aquí no vive ninguna otra muchacha –contestó la mala madrastra de la Cenicienta.

-Entonces creo que no me queda más nada que hacer aquí –dijo el primer ministro-. Espero que tengan una feliz tarde.

Pero cuando el enviado del rey estaba atravesando la puerta para salir de la casa y dirigirse a su carruaje, se oyó un grito.

-¡Espere!

La voz venía de lo alto de las escaleras venía de las escaleras.

El primer ministro volteó a mirar hacia el lugar de donde provenía el grito. Allí estaba una hermosa doncella que apresurada bajaba por las escaleras. ¡Era la Cenicienta quien habiendo escapado de su habitación, corría hacia el enviado del rey! Ella quería tener la oportunidad de probarse también la zapatilla.

-¡Espere por favor!

El primer ministro se quedó extrañado ante la presencia de la Cenicienta.

-¿No y que aquí no había ninguna otra doncella?

-Es sólo una criada. No es de la familia.

El Gran duque se fijó en los pies de la Cenicienta y con gran alegría se dio cuenta de lo pequeños que eran.

-No importa que no sea de la familia. Ella es una hermosa doncella y se deberá probar la zapatilla.

Con toda la cortesía del mundo, el enviado del rey tomó de la mano a la Cenicienta y la acompañó hasta el sofá. Las hermanastras no podían aguantar su rabia.

-¡Es una loca! –dijo Griselda.

-¡No es nadie! –dijo la otra

Con una seña, el primer ministro le ordenó a su lacayo, que le entregara la zapatilla para probársela a la Cenicienta.

Pero cuando el lacayo se dirigía a su amo, la malvada madrastra le dio una zancadilla y lo hizo caer. La zapatilla salió volando y fue a dar al suelo donde se rompió en mil pedazos.

Al ver lo que había pasado, el enviado del rey se horrorizó.

-¡Ay! ¡Dios mío! ¡Qué horrible! –dijo-. ¡Se rompió la zapatilla, el rey me va a matar por esto!

Pero la Cenicienta no se molestó por eso, ella tenía la solución.

-No se preocupe señor –dijo la hermosa muchacha-. Yo puedo arreglar el problema.

-¡No! ¡Nadie me puede ayudar, el rey me va a condenar a muerte! –contestó el primer ministro.

-¿Tú? ¿Qué vas a poder ayudar? –dijo la madrastra, burlándose de su hijastra.

-¡Sí, yo puedo! –dijo y sacó la otra zapatilla, que tenía escondida en uno de sus bolsillos-. ¡Yo tengo la otra zapatilla!

Al ver esto, todos se quedaron impresionados. El primer ministro no lo podía creer. Las mujeres de la casa no aguantaban el asombro y la rabia.

Entonces el primer ministro agarró la zapatilla y se la colocó a la Cenicienta. Su pie encajó perfectamente en el calzado ¡La Cenicienta iba a ser la esposa del príncipe!

Todos los animalitos amigos de la Cenicienta, festejaron de la alegría. ¡La vida de su bondadosa amiga iba a cambiar para siempre!

A los pocos día se celebró por todo lo alto, la gran boda entre el príncipe y la cenicienta quienes de allí en adelante, **VIVIERON FELICES PARA SIEMPRE.**

Fin.

ABOUT THE AUTHORS

ALEJANDRO PARRA PINTO is a Venezuelan journalist and graphic designer, born in Caracas (1963). He is the editorial manager of the South American publishing company EDICIONES DE LA PARRA and is co-author of the CHILDREN´S BOOKS IN EASY SPANISH SERIES.

AMAZON AUTHOR PAGE:
http://amazon.com/author/alejandroparrapinto

ÁLVARO PARRA PINTO is a literary author and journalist born in Caracas, Venezuela (1957). He is the editor of the South American publishing company EDICIONES DE LA PARRA and has published several of his books in Kindle format, including his bestselling series CHILDREN´S BOOKS IN EASY SPANISH. Especially designed for the intermediate language student, each volume of this series is written in simple, easy Spanish.

AMAZON AUTHOR PAGE:
http://amazon.com/author/alvaroparrapinto

Contact the Author:
ineasyspanish@gmail.com

Twitter Account:
@ineasyspanish

Published by: Ediciones De La Parra
http://www.edicionesdelaparra.com

THANK YOU!

Thanks a lot for reading this book!

Our main goal is to help intermediate-level readers like you, by providing simple, selected readings in easy Spanish at low prices!

If you liked this product, please give us a minute and leave your review in Amazon:

PLEASE LEAVE YOUR REVIEW AT:

AND CHECK OUT THE REST OF THE VOLUMES OF THE SPANISH LITE SERIES!

FROM THE SAME AUTHORS

CHILDREN´S BOOKS IN EASY SPANISH SERIES

VOL. 1: PINOCHO

VOL. 2: JUANITO Y LAS HABICHUELAS MÁGICAS

VOL. 3: ALICIA EN EL PAÍS DE LAS MARAVILLAS

VOL. 4: PETER PAN

BAND 5: LA SIRENITA

VOL. 6: LA BELLA DURMIENTE

VOL. 7: BLANCANIEVES Y LOS SIETE ENANOS

VOL. 8: LA CENICIENTA

VOL. 9: EL LIBRO DE LA SELVA

VOL 10: EL JOROBADO DE NOTRE DAME

VOL 11: HANSEL Y GRETEL ¡Y MÁS!

SELECTED READINGS IN EASY SPANISH SERIES

VOL 1: TARZAN DE LOS MONOS y...

VOL 2: LOS VIAJES DE GULLIVER y...

VOL 3: DE LA TIERRA A LA LUNA y...

VOL 4: ROBINSON CRUSOE y...

VOL 5: VIAJE AL CENTRO DE LA TIERRA y...

VOL 6: CONAN EL BÁRBARO y...

VOL 7: EL RETRATO DE DORIAN GRAY y...

VOL 8: DR. JEKYLL AND MR. HYDE y...

VOL 9: LA ISLA MISTERIOSA y...

VOL 10: DRÁCULA y...

VOL 11: ROBIN HOOD

FUNNY TALES IN EASY SPANISH SERIES

VOL. 1: JAIMITO VA A LA ESCUELA

VOL. 2: EL HOSPITAL LOCO

VOL. 3: VACACIONES CON JAIMITO

VOL. 4: EL HOSPITAL LOCO 2

VOL. 5: RIENDO CON JAIMITO

VOL. 6: NUEVAS AVENTURAS DE JAIMITO

VOL. 7: JAIMITO REGRESA A CLASES

VOL. 8: JAIMITO Y EL TÍO RICO

VOL. 9: JAIMITO Y DRÁCULA

VOL. 10: JAIMITO Y MR. HYDE

Selected Readings in Easy Spanish is especially made for intermediate language students like you. Compiled, translated and edited by the Venezuelan bilingual journalist and literary author Alvaro Parra Pinto, editor of **Ediciones De La Parra.**

AMAZON AUTHOR PAGE:
http://amazon.com/author/alvaroparrapinto

CONTACT THE AUTHOR:
ineasyspanish@gmail.com

@ineasyspanish

PUBLISHED BY: EDICIONES DE LA PARRA
http://www.edicionesdelaparra.com

Printed in the USA
CPSIA information can be obtained
at www.ICGtesting.com
LVHW041653230724
786279LV00005B/85

9 781503 001183